BAND 18 DER EDITION LYRIK KABINETT

Herausgegeben von Ursula Haeusgen,
Michael Krüger und Raoul Schrott

Nora Bossong

SOMMER VOR DEN MAUERN

Gedichte

Carl Hanser Verlag

GROSSE EXERZITIEN

Hügelgewächs

Im Weitesten Dantegegend, abfallend.
Die Täler gefüllt mit Dorffesten.
Oben erhabene Gartenzucht,
Auberginen mittsommerfarben.
Aus den Steinhängen brechen
die Heiligensagen: Drüben
habe Franziskus Viten gefälscht,
Heilandsimitat umgeben von Reben.
Hier Auberginen. Auch *ginepro*
um Geländer wuchernd,
eingefallen ins Nebengewächs.
Ginepro, sagt man, imitierend
Wacholder. Fetzen fliegen auf
aus den Tälern *mez -orno -orto.*
Sollten wir abrutschen,
fallen über zu viel Vokal,
verwerfen wir den Sinn
irgendwo vor Assisi.

Sonntag

Die Vögel in den Bäumen ich nenne sie Krähen
jemand sagt Drosseln sagt Spatzen unfassbar
wie weit man bisweilen mit Worten reicht.
Es ist Sonntag ich denke daran Gott zu beweisen
und durch die Villa Borghese zu streifen *aspetta!*
P(e/h.k)
P(e/k)   das könnte gehen
wobei für e alle Tatsachen stehen
das was ist präziser alles was ist also
die Krähen die Drosseln die Villa Borghese
es ist Sonntag es ist sonnig in der Nacht
kondensierte der Lärm an den Fenstern
das Scharren der Schuhe
das Klingeln des Handys
das Schreien des Mannes: *Pronto? Pronto? Pronto?*
Auch hierfür stehen noch Beweise aus
doch ich bin neu hier beginne von vorn
und h sei die These dass Gott existiert
wie die Krähen die Drosseln die Villa Borghese
die Ampel an der ich als Einzige halte
während San Sebastiano und San Giovanni
vor mir über die Kreuzung ziehen
ihre Attribute im Schlepptau ich erinnere nicht
für was sie gut sind und k ist bloß
tautologisches Wissen ein Igel
eingerollt vor mir in der Gosse
armes Ding *mio Dio* und wer hat meine
Beweise schon nötig dringender sollte man
mir aufzeigen ob Finken in den Bäumen sitzen
mit ihren Schnäbeln nach Orangen picken
ob Sonntag ist ob h überhaupt etwas meint

Maria ad Naves

Schneewittchen liegt hier als alter Mann
im Glassarg, das Stück Obst aus Metall.
Ein Schlaf, der selbst Monarchinnen entsetzt,
auch Mary. Ach Mary!
Äpfel glitten dir aus der Hand,
ausgerutscht bist du auf Spiegelbildern,
erstickt an Versen. Hier bleibt zurück:
die kernlose Frucht, das Wachsgesicht,
am Treppenrand die Bettlerin,
sie nennt sich selbst Maria die Große,
gleichgültig alltäglich verfällt sie,
das uralte Mädchen, Mauerblümchen.

Duce

Ins Klirren der Kirchen, Klingeln der Trams
schaukelt der Körper vom Dach einer Tanke,
plustert sich auf in der Hitze, ein stinkendes Pendel.
Wir stehen dabei, Jahrzehnte zu spät, zeitlich verzogen
unser Blick zur Traufe, und jetzt landen Möwen
auf dem balzheißen Bau, ein Gurren, ein Flattern.
Der Körper kopfüber umtänzelt die Zwergin,
zwei salzweiße Leichen, der Geruch von Benzin.
Drei Kugeln kehlig, vier in der Schulter,
ferner sind Lenden und Arm ruiniert,
ein Sieb, eine Siebesfeier, die wir beäugen,
den letzten Ball der beiden Bälger
und wir, zwei dahergelaufene Zeugen,
wissen wir denn, was Liebe war.

Huhn und Leber

Ruiniert, die letzten Mauern des Theaters,
die er als Ansichtskarte kaufte und verschickte
und hier nur noch die Halde blieb, auf die,
den Posten ausgebeutet, er mich stellte
oder stehen ließ, ich pfiff ihm nach, doch er,
mein fehlgeführter Hannibal, war längst
auf und davon, im Rucksack zwanzig
Pinienzweige, ein Tortenstück, ein Teil
vom Petersdom, vom Pantheon nahm er
das Lichtverhältnis mit, so stehe ich nun
düster im antiken Stück, ich habe die Epochen
auf und ab gezählt, doch niemals hat noch
nirgends er mir nachgestellt, er stahl
von mir nur Huhn und Leber, ein Döschen
Katzenfutter, das mir seither so dringlich fehlt
und nähme er doch auch dies antiquierte
Flatterding, dies Frühbarocke weg und hin.
Denn niemals, Mister, setzt man Trümmer
auf Ruinenstädte, so viel sei noch gesagt
und kommen Sie so bald, ach bald nicht wieder.

Tanzstunde

Ganz außer sich ist sie, Großtante Majran
beim Wehen der Worte, der heiligen Messe.
Sie schluckt und schluckt, der Heiland
will nicht runter die Kehle, sie lacht und zeigt
ihre stramm gelben Zähne. Der Pfarrer schleicht
der Herde davon, sein Blick flieht in den Dom
hinauf, übersteigt, was Majran zu sicher weiß
und sie schwankt im Kreis, lallt: *Sonntags*
zählen keine Stunden, ach Kinder, was glaubt ihr,
wie leer ich jetzt bin? Ihre Zunge schlägt Takt,
sie wiegt die Hüfte und fordert dreist
die Heilandsreste zum Walzer auf.

Große Exerzitien

Ich gehe durch den Garten
zu den Fröschen, ein Zirpen
zoologische Verwirrung,
am Hangweg zittert Bambus
wieder und da: wieder, mein Jesuit
der auf die achte Plage lauert.
Ich pack den Teich am Schilf
ein Wasserläufer leuchtet auf
verludert, das Jesuitenlachen
klingt durchs Unterholz und nichts
steht fest an diesem Tag, nichts liegt
leblos und flach in meiner Hand.

ARKADIEN

Leichtes Gefieder

Vielleicht zu spät, als eine Krähe
unsern Morgen kappt. Ein Schlag.
Und ob sie fällt und ob sie weiterfliegt –
Ich frag zu laut, ob du noch Kaffee magst.
Dein Blick ist schroff, wie aus dem Tag gebrochen.
Es riecht nach Sand. Du fragst mich, ob ich wisse,
dass Krähen einmal weiß gefiedert waren.
Ich lösch die Zigarette aus, ich wünsch mich
weg von hier, ich möchte niemanden,
ich möchte höchstens einen andern sehen.
Du nennst mich: Koronis. Ich zeig zum Fenster:
Sieh doch, die Aussicht hat sich nicht verändert!
Was gehen dich die Stunden an, die du nicht kennst?
Ich will nur Mädchen sein, nicht in Arkadien leben.
Dein Nagel scharrt noch in der Asche,
doch du bist still, als wärst du fort.
Ich bin zu leicht für deine Mythen.

Ararat

In diesem Sommer brach der Regen
über ganz Europa tropisch oder
wie manche sagten, sintflutartig herein.
Ich sah Wassermassen in den Straßen,
sah vergessene Tiere, phantastische Insekten,
all diese nichtüberlieferten Träumer
hinabwirbeln in Gullyschächte.
Menschen irrten durch die Fluten.
Am Ararat zerschellte eine Arche.
Ich blieb ungerührt und glaubte nicht
an den Sog der Gezeiten, stand
auf meinem Hausdach, genügte mir selbst.
Tauben flogen um mich. Es wurde Herbst.

Wanda

Im Haar Gezweig. Aus einem Strauch
rast eine Ratte. Rüstung, rosa Anorak
trägt eine Frau, die auf der Brücke steht.
Über den Kragen fallen ihre Strähnen
wie Federn, wie –
und drüben die Hügel, die Hügel.
Bist du kaputt? Eine Puppe im Arm,
sieht ein Mädchen sie an, aschblond
eine Plastikkrone rutscht ihm in die Stirn.
Hau ab! Ein Hund nagt am Reifen
eines verrosteten Wagens, alles gestrig,
lang her. Und drüben –
Ein Drache hauste in Höhlen, wo er
auf Gold und Schätzen Schlaf fand,
sein Heulen hallt noch übers Land.
Es singen drei Kinder mit Ranzen,
die laufen gebückt Hand in Hand.
Von fern ein Knacken, auch Krachen.
Dann Rauch. Geruch von Feuer.
Das Mädchen zupft am Anorak. *Du,*
ins Wasser ging Wanda hier.
Strähnen fallen, wie – *Ach,*
erzähl mir doch nichts von Wanda!

Nachricht

Die Handschuhe waren das erste,
was sie sah. Dann sah sie ihn,
einen Mann mit Handschuhen.
Sie zog und zerrte an ihren Kleidern,
als könnte sie ein Ballkleid
aus den Lumpen reißen.
Er schielte aufs Fenster, dahinter
schmorte ein Hase im Ofen, ein falscher.
Im Vorgarten, um sie herum, lagen Trümmer,
was sich noch nutzen ließ für irgendwas.
Er knallte mit den Handschuhen,
sie wich zurück. Er gab ihr den Brief.
Der Rand war von Hand gezogen,
eine Spur schwarzer Tinte lief ins Blatt.
Die Handschuhe sah sie nicht mehr, als er ging.
Und wie sie dann ganz alleine da stand,
einen Hasen im Ofen, einen falschen, sie sagt:
Nein, das war ja nicht mehr ich,
ich kam erst später nach Hause.
Es gab falschen Hasen, vorzüglich,
aber das Gas war so teuer.
Mein Gott!

Eins zu Null

Ein Schlager dröhnt aus einem Kinderwagen.
Die Frau, verpackt in Arktiskleidung,
schiebt ihr in rosa Deckchen eingemummtes Radio
durch einen Julitag. Das Kleine knistert,
als sie durch ein Funkloch geht. Sie beugt sich vor,
sie redet leise auf es ein: *Ganz ruhig, sch – sch –*
und dreht sich zu uns um: *Immer Ärger*
mit dem Kleinen. Keine Nacht schlaf ich durch,
ich weiß ja nicht mehr, welcher Tag heut ist.
Sie ruckelt am Wagen, das Kleine plärrt
das Eins-zu-Null aus einem Länderspiel.
Sie lächelt, streicht das Deckchen glatt.
Man hat so viel Arbeit, aber sehen Sie,
so hübsch ist der Kleine,
so hübsch.

Gegenüber

Das blonde Mädchen lernt Vokabeln,
Schwedisch, ein Bruch in der Stimme.
Zigaretten? Ich höre die Münzen
durch den Automatenschacht fallen,
ein metallenes Klopfen im Kopf.
Ihr Haar auf dem Tisch.
Sie lässt ihre Zähne knacken,
zerspringendes Eis. Ich weiß,
sie stolzierte, würde sie gehen.
Sie blickt auf und alles steht ihr
gegenüber. *Sieh mal, ist Abend.*
Ihre Geste fast Kind und zwischen uns
eine so zarte Müdigkeit, wir sitzen plötzlich
hinter den Dingen, unvorstellbar,
dass nichts seine Richtung ändert.

IDYLLEN

Natur

Wache ich auf in diesem
Botanikerlicht, die Bilder
wachsen dichter um mich.
Ich habe mich ihnen ausgesetzt,
nur wer erklärt mir, wie was
und woran zu bestimmen ist?
Ich fühle mich kaum noch
und wuchere dennoch
über meine Natur hinaus, ein Haufen Laub.
Ich wünsche mir eine Windmaschine
um einmal nicht mehr ich selbst zu sein,
doch der Botaniker ist zu genau.
Hätte er einmal seine Lupe vergessen
und sähe nicht, was das für Blätter sind,
verlottert und welk.

Seitab

Zwei Männer im März schleppen Latten
zum Festzelt am Rand des verfallenen Guts.
Es sind Hunde hier, überall Hundegebell
und ein Spielfeld, Himmel und Hölle,
doch nur ein Kind mit Bronzebrüsten,
nur eine Statue dreht sich seitab.
Das Altlaub in den Bäumen vergessen,
eine weiße Tüte weht an einem Ast,
jemand, der fort ist, kapitulierte
vor jemandem, den es hier nie gab.
Lange wird man auf April warten
und auf einen dritten Mann. Der erste zieht
seine Mütze vom Kopf, dann ein Lachen
über so viel Provinz.

Revolutionäres Idyll

Ich sah sie: Fünf Schafe, kein Schäfer,
die Freiheit kroch ihnen unters Fell.
Ein Zittern ging durch ihre Glieder,
ihr Wölkchenhaar, durch ihren Blick:
Da war das Watt. Und so viel Watt.
Ein endlos aus Watt gemachtes Watt.
Sie senkten die Köpfe und rissen
Gras.

Ikarus

Der Sommer dampfte in den Sträuchern,
es hatte Stachelbeeren geregnet sowie
ein Nest voll Mauersegler. Wir bissen
in die grünen Beerenlampions
und sprachen über kältere Zeiten.
In den Teelichtern verzischten Falter.
Ein Segler kroch die Wand hinauf,
grau und zerrauft. Er wär wohl gern
nicht mehr gesegelt, doch konnte er's
nicht abbekommen von dem Körper,
der er war. Dann kam November.
Der Sommer hielt dagegen an.

Neunundachtzig

Da begann auf einmal die Geschichte von vorn,
ich blätterte um, ich hielt mich am Rand
der bedruckten Zeiten, die andern verstanden
doch mehr davon, tanzten durch Jahre,
bis sie verschwanden, die Ältesten tanzten
sich unters Bett (*der Russe!, der Russe kommt!*)
ich hörte sie rufen noch nächtelang,
schlief auf der Angst ein oder döste davon,
dem allseits entgrenzten Leben entgegen.
Tags verließ Vater die DKP, er legte den Winter
nun mürbe aus, vieles war möglich,
doch nur jede zweite Seite galt.

Nanjing

Die Gänge, Gärten, Glanzgirlanden,
die einstmals Himmelshauptstadt
glänzt zu Boden und an den
Enden dieses Städtemärchens
knabbern Mädchen Hühnerkrallen,
knistern Kakerlakenbeine.
Mein Kleid rollt Schleppen
in den Ort, ich fliege auf, flugs Drachen
scharren auf den Vasen ihre Linien zurecht,
man freundelt um mich kolonial-
geziertes Töchterchen, man kratzfußt,
lächelt mir zu Diensten, verwaltet selbst
meine Verwirrung, ich ahme Engels nach,
der durch Englands Hinterhof flaniert,
dort seine Hand hebt, nachzählt
und zum Schluss kommt, dass nie
und nimmer so viel Menschen
in jenem Raum hinter dem Fenster
sitzen können, wie er zählt.

Shanghai Lu

Hinter den Fassaden warten
Gassenviertel, die Wirklichkeit
verhält sich wie im Halbschlaf,
die Nudeln garen, geben nach,
ein Trog voll aufgeklopfter Eier,
in Essig eingelegt, siecht vor uns
hin und unsre Blicke gieren nach
den Kleinigkeiten der westlos
wüsten Hinterstraßen, wir wollen
zahllos tote Hunde und Münder
ohne Zähne sehen, den Rauch aus
Häuserritzen, Bodenschächten,
den Dampf der Ming-Zeit und den
Nachklang der Exotik, die man
vor hundert Jahren hier beschrieb.

NEUE ALTE WELTEN

Navigation, 49th Street

Auf dem Flug träumte ich von Seeschifffahrt,
vom Stechen der Kompassnadeln in meinem Blick,
Erklärung der Welt durch Zirkelschlüsse, ich wollte
das Land vom Raum aus verstehen, Topographie
an meinen Fingern ablesen, vor mir schillerte
ein Wissen aus Ortung, Quadrant
und nautischem Jahrbuch, irgendwann
nach dem Lunch wollte ich nur noch
Sternzeug sein, Navigation bestimmen,
in rote Straßenschluchten sinken,
Feuerleitern, Fabrikschlote, Tiffanys streifen,
die Leuchtreklamen zum Schaukeln bringen,
diese Stadt war ein Fluchtpunkt aus Punkten gebaut,
nur der Steward schritt auf leisen Sohlen
durch die schwerelosen Gänge,
wir sackten in ein Luftbild ein.

Vertikalkreis, Trinity Church

Im Seitenschiff die Heiligtümer, Ringe,
Instrumente, mit ihnen messen sie
die Sphären ab und streifen Meridiane
über den Atlantik. Was hier sein will,
muss erst berechnet werden, was da ist,
liegt in staatlichem Besitz. Dort draußen
wagt der Dampf sich nicht an große Formen,
steigt nur noch aus den Ritzen auf,
die diese Stadt durchziehen: Nadire,
unter denen eine Metrolinie hält.

Orbit, Union Square

Dass er noch immer seine Runden dreht,
als könnte er einmal der Bahn entkommen,
die um und um und um das Zentrum
eines Eislauffeldes geht. Die Tage trüben
in gedeckten Farben. Es wird wohl Frühjahr.
Auf der Tribüne lehnt der eine, andere
vom letzten Jahr. Wer blickt jetzt auf, wer
bleibt an jenem Läufer hängen, der hier
um festgelegte Orte feilscht?

Gravitation, Memphis Belle

Er hatte ihr die Luft versprochen,
vielleicht auch Himmel, rauschend,
Gewittriges, durchzuckt von Weiß.
Es fiel, wie schwere Flocken fallen, fiel
ohne Lenkung einfach auf ein Ziel.
Im Lärm der Düsen drang die Schwere ein,
ein dumpfes Dröhnen hinterm Trommelfell.

Sie blickte auf und sah sich selbst
im Luftdruck zittern, sah Phosphor blitzen
in dem zu Schnecken aufgesteckten Haar.
Sie saß in Memphis, zog die Schenkel an.

Provision, Wall Street

Was sie verbargen, was sie um sich trugen,
war nichts, war Licht, war leichter
Schneebefall, ein Dämmern in den Blicken.
Ich sah die Zahlen, ja, sie trugen Zahlen aus
und hielten eine ganze Welt darin getaucht,
ins Glänzen alter Subtraktionsaufgaben.
Durchs Fenster sackte Grün, Aquarienlicht,
der Rückweg jener Kurse, die auf und auf und
nieder blitzten in ihren Obduktionskajüten.
Ich hielt den Atem an und zählte bis neun.

Liquidation Sale, Broadway

Hier haben Dinge ihre Namen nicht verloren,
sie haben nie welche gehabt, nur ausgeliehen,
zwei, drei Stunden bei dem Verleih gleich
übers Eck. Zwei Jungen drückten sich
die Nasen an den Fensterscheiben platt,
bis sie der Manager verscheuchte.
Es stieg ein Summen auf im Innern
und etwas zischte hoch, als sich
die Eingangstür auftat. Ich habe nie gewagt
ins Schaufenster zu sehen, hab nur einmal
Prozente auf dem Werbeschild bemerkt,
das schon seit Wochen steht, wo sich
zwei Jungen bei den Händen hielten.
Es ist so still, seitdem der Laden liquidiert.

Herbarium, Huntington

Das Leben von der Straße gekehrt,
Autos drehen Runden, runden uns ein,
wir hören das Pochen der Träume im Holz:
Had a Nachtmärchen, mummy. Die Wände
dösen ihren Raten entgegen, die Fenster blättern
Schaubilder auf. Wir, Asservate, aufbewahrt
und fremd gestellt. Draußen wuchert Ginster,
der Schatten von Ginster, von Edelweiß,
von Enzian, der Schlaf versinkt wortlos in
neuen Alpen, wir kleben seine Reste
in Herbarien ein.

SOMMER VOR DEN MAUERN

Zweihundertfünfundfünfzig Mauern

Auf einer Brücke stritten Kinder
um einen Schuhkarton, graubraune Pappe,
aus dessen Innerem ein Klirren drang,
als spielte die Dreieinigkeit mit ihren zarten Engeln
kegeln. *Werft ihn ins Wasser!*, rief einer der Jungen.
Viva Verdi! – Viva Verdi! – Viva Verdi!
Kaum dass wir die Brücke betraten,
liefen sie fort, der Karton auf der Brüstung
wankte ins Leere, wankte zurück und
fiel nicht und wankte und fiel nicht
hinab. Nur ein Kleiner stand noch an der Mauer,
strich sich durchs Haar und wir sahen
seine silbernen Finger glitzern, dann auch
das Flattern in seinem Blick, links der Iris.

Zweihundertsechsundfünfzig Verse

In die Archive drang die Hitze nicht.
Wir saßen vor monströsen Folianten
und rechneten an der Welt herum
als ein leuchtend weißer Greis
in unsre Mitte trat. *O Dio, che sole!*
rief einer der Brüder, während ihm Rhodos
unter den Fingern zu Tinte zerrann.
Die Worte tanzten auf unsren Blättern,
reihten sich neu und reimten sich.
Es waren nun griechische Verse,
die Schrift zu der des Alten umgerückt.
Wir sahen ihn an, er lachte verlegen,
sammelte schnell die Blätter ein
und verschwand kurz darauf. Alles, was blieb,
war ein Nebel im Äther, ein Coca-Duft,
der über unseren Welten trieb.
Wir neigten die Häupter
und atmeten ein.

Zweihundertsiebenundfünfzig Stiche

Er schien kaum da zu sein und war es doch,
der Schneiderjunge in der Dämmerung.
Was er hier treibe? Er warte nur ab,
dass sich die Stunden entwirren, all diese Zeit,
die sich abrolle, ohne zu wissen wohin.
Ein Fortschrittsknäuel. Eine Stolperfalle.
Wir hörten die Sekunden an die Mauer klopfen
Sand über Sand, gepresst zu Stein,
hörten, wie ihm die Fäden rissen.
Dann setzte das Gewitter ein.

Zweihundertachtundfünfzig Größen

An einer Straßenecke fielen sich
zwei Köter an, Pinscher und Dogge,
sie wollten beide einen Baum anpinkeln,
der mit Zitronen in den Zweigen
ein Paradies vortäuschte, wo es keines gab.
Ein kleiner Mann, so etwa Gramscis Größe,
wollte den einen vom anderen trennen.
Wir hörten kaum, was er zu ihnen sagte,
obwohl er deutlich sprach und auch
die beiden Köter hörten nicht.
Er war verwachsen und schien müde
und flüsterte, vielleicht zu sich, vielleicht
an uns gewandt: *Territorien? Nein, Autorität!*
Er wollte nicht Körper noch Fläche sein.

Leichtes Gefieder

Vielleicht zu spät, als eine Krähe
unsern Morgen kappt. Ein Schlag.
Und ob sie fällt oder weiterfliegt –
Ich frag zu laut, ob du noch Kaffee magst.
Dein Blick ist schroff, wie aus dem Tag gebrochen.
Es riecht nach Sand. Du fragst mich, ob ich wisse,
dass Krähen einmal weiß gefiedert waren.
Ich lösch die Zigarette aus, ich wünsch mich
weg von hier, ich möchte niemanden,
ich möchte höchstens einen andern sehen.
Du nennst mich: Koronis. Ich zeig zum Fenster:
Sieh doch, die Aussicht hat sich nicht verändert!
Was gehen dich die Stunden an, die du nicht kennst?
Ich will nur Mädchen sein, nicht in Arkadien leben.
Dein Nagel scharrt noch in der Asche,
doch du bist still, als wärst du fort.
Ich bin zu leicht für deine Mythen.

Nora Bossong, 1982 in Bremen geboren, studierte in Leipzig am deutschen
Literaturinstitut und an der Humboldt-Universität in Berlin Philosophie
und Komparatistik. Sie veröffentlichte die Romane »Gegend« (2007) und
»Webers Protokoll« (2009) und den Gedichtband »Reglose Jagd« (2007).

9 7 8 - 3 - 4 4 6 - 2 3 6 2 9 - 5 / w w w . l y r i k - k a b i n e t t . d e

Zweihundertneunundfünfzig Übertragungen

Von der Balkonbrüstung herab
sah es uns an, das Lehrergesicht,
zum Fürchten ruhig. Es forderte:
Konjugieren Sie Freiheit! –
Ein Wort nach dem anderen in den Äther gesetzt,
weniger als Gas, nur ein Schaudern der Luft,
als seine Stimme stieg, *on air* – dort klang sie
mild, der Abend über einer blöden Herde.
Wir blieben nicht, wir schwänzten die Nacht.

Zweihundertsechzig Tage in Fátima

Ein Mann, ganz in weiß, lockte mit Essig
einen Sittich unter einer Eiche hervor.
Er sah uns nicht, sondern sprach mit dem Vogel.
Das sei der Mann, wisperte einer von uns,
dem man Spazieren nach dem Essen verordne,
sein Magen sei schwach – und der Vogel hob ab,
beinah wären wir ihm nachgeflogen,
doch blieben wir hängen am Gestrüpp der Eiche,
und ich weiß nicht, ob uns bangte,
als sich der Mann zu uns drehte
und rief:
Penitência,
Penitência,
Penitência!

Zweihunderteinundsechzig Mützen

Man könnte meinen, sogar der Mond
hätte sich an jenem Abend besonders beeilt.
Letzte Lichter zerrten an ihren Ketten,
das Gras war zerdrückt vom Lagern des Zeltes,
in dem man vortags die steifen Spitzen
von zweihundertzweiundsechzig Mützen
umgeknickt hatte. In den Spuren der Wagen
rannte es vorbei, das Rundgesicht,
seine Ohren flatterten hinter ihm her.
Wir riefen ihm nach, wohin er denn wolle.
Er drehte sich um, er atmete schwer,
er habe das Läuten der Glocken versäumt.
Glocken? Welche Glocken?
Sein Lächeln, der einsame Lichtkreis
einer Grimaldinummer.

Zweihundertzweiundsechzig Fabriken

Die Hallen hatten ihre eigenen Regeln:
Der Schlaf setzte für neun Stunden aus,
alles lief auf Stechuhr, auch die zwei Neuen
in zu kurzen Röcken. Wir starrten sie an
und tasteten uns durch Rädchen und Kränze,
bis wir die Pause erreichten, die Pause vertrieben
mit Kaffee, lau und bitter, aus schmutzigen Tassen.
Zurück in der Halle, hatte die Hitze
eine der Neuen verschluckt. Unsere Gesichter
wurden glasig, man konnte durch sie
bis in die Gedanken sehen:
Die Neue stemmte ihr Knie
nackt wie Jesus am Kreuz
gegen eine fahle Julimauer.
Träum weiter, rief mein Nachbar.
Ich wies stumm aufs nördliche Fenster:
Ein Helikopter flog über die Schlote
und unter seinem Bauch, an Seilen baumelnd,
trug er ein Kreuz, blass wie die Neue,
die in diesem Moment die Halle betrat.

Zweihundertdreiundsechzig und dreiunddreißig und

Der Sommer verfing sich in den Kronen,
er kam nicht zu uns, das Jahr war kurz.
Wir lauschten dreiunddreißig Tage.
Am Vierunddreißigsten waren wir sicher
nichts gehört zu haben als einen Kinderreim
von einer Greisenstimme repetiert:
Eins zwei drei da war's auch schon vorbei.
Eins zwei drei da war's auch schon vorbei.
Eins zwei drei –

Zweihundertvierundsechzig Grenzen

Da drüben hörte alles, hörte auch
der Sommer auf, es war wohl Herbst,
es war im März, als wir ein Fenster
lang anstarrten: Es wollte und wollte
es wollte nichts geschehen – als wir
vor einem Fernsehapparat vergaßen,
dass drüben unsre Großväter ausstarben.
Sie tranken noch und tranken alles,
was sie kannten, fort. Dann flohen sie,
ihr Blick lief über den Altar, hinauf zu Magda
und Maria, ein Stoßgebet, so fuhren sie
an jenem Abend in den Himmel, an dem
wir nichts als Fensterläden klappen,
als wir die letzte Mauer fallen sahen.

IM PROTESTANTENLAND

Die Herrlichkeit der Erden
muß Rauch und Asche werden.

Andreas Gryphius

Siebte Frau auf der Nonnenempore

Drückende Dunkelheit, nicht abzustellen,
draußen der Wind, über die Dörfer schlagend,
Lemmie, Empelde, Bantorf. Auf der Prieche
habe sie die Madonna gesehen, ein Gesicht,
gelassen und wirklich, während sie
Gryphius' *Herrlichkeit der Erden* sang.
All das Blau. Ein Schleier aus All
über ihre Schultern fallend, Faltenwurf
über Fachwerk, zarte Linienführung
bis nach Lemmie. Illuminierte Gegend.
… aber nein, nur geschlafen, nur
alles so früh, die Zeilen in zu kleinen
Lettern gesetzt. Erscheinungen
überlasse sie dem südlichen Glauben,
den Marmordogmen. Hier blieben
Dunkelheit, Wind und Lemmie nah.

Ausbruch der Madonnen

In gesprenkelte Helligkeit
brachen sie aus. Kirchenlicht,
fürs Jenseits geschminkt.
Eine Gnadenbildmadonna,
eine Madonna mit dem Kinde,
eine einstmals mit dem Kinde,
eine sterbende Madonna
fielen aus dem Steingemäuer,
jener Art Verlies, gewöhnlich
von Stiefmüttern bewohnt
und ausgedienten Hexen.
Die Heizkörper lehnten
an den Kirchenbänken,
die Klempner verschwanden
in die Brotzeit. Ich blieb allein,
das Schiff schwankte im Schweigen.
Da regte sich ein blasses
steinzerkratztes Wesen,
da rollte zag aus dem Versteck
die Letzte ihrer Reihe:
Vesperbildmadonna,
den toten Jesu steif im Arm,
plumpste hölzern mir zu Füßen –
vor *meine* Füße, Frau Äbtissin!
Spät lag ich wach an diesem Tag,
sah meine Zehen an,
zehn kleine Wunder.

Blumenbild mit Dame

Ein wenig nackt, ein wenig kühl
muss sie gestanden haben, bis jemand ihr
barmherzig oder nur aus Zeitvertreib
den Mantel nähte: Die Seide fünfzehnhundert-
irgendwas, Feinbortiges in Grün.
Die Wangen aufgerougt blickt sie
streng püppchenhaft aus ihrer Glasvitrine.
Sie gehört dem Zirkel freigelegter Damen an,
einstmals vermauert, hundertjährig schlafend.
Zuvor war sie die Wallfahrtsschöne,
vor ihr wucherten die Blicke heckenhoch
der Sünder, die ihr allen Schutz abgriffen.
Sie selbst so müde, wie nur Holz ermüden kann.
Ihre Allmacht, Macht, Machtrestchen jetzt
lockt nur noch Leute aus dem Umland an.
Man stellt ihr dennoch täglich frische Blumen,
Rosen aus dem Klostergarten hin.

Klosterjahr

Die Blüten schlagen hier nach innen aus.
Die Stauden, Pollen, Doldendinger
nicht zu fangen, zu pressen
in mein Kräuterbuch.

Der Dunst, früh über die Häuser geduckt,
wechselt die Spur. Fachwerk verbiegt.
Wärme treibt alles aus seiner Form.
Dazwischen keimen Apfelkerne.

Der Oktober wächst mir über den Kopf.
Alles bricht unter meinen Fingern ein:
Lädiertes Laub. Astgerippe, kahlgetropft.
Die letzte Witterung zerfällt im Garten.

Dann ein Winter aus Wachs, ausgebreitet
bis in die Deistersteigung. Diesigland.
Diese Sucht nach Geräuschen, Türenschlagen
das Schreien einer Katze, des Rostes.

Inkarnat

Beim Öffnen des Fensters
ein Windstoß aus Laub und vereister
Verkündigung, schnippe sie fort
aus diesem Gehege. Man stirbt hier
morgens und ist mittags
noch immer da. Gekelterter Körper.
Abends Seelenmesse, noch immer
ist man da. Zu anhänglich, dieses Gebiet,
es abzuschütteln. Die Ewigkeit der Vororte.
Morgens wieder Sonnenaufgang, unwirklich,
einzustufen in die Kirchenfensterreihe,
rötliches Inkarnat. Wunsch, in die Höhe
zu fallen. Dorfflucht. In der Ferne
schuften sich die Berge fort, nichts
als eine himmelblasse Prophezeiung,
verwundbar wie alles.

Märchen vom brennenden Mädchen

Der Herbst roch klar. Das Binnenland
band sich an Binnenland. Umgebung:
Nebel, norddeutsch. Klostermauern.
Gang um Gang durchkreuzte ihre Tage.
Davongesperrt in ein Gebet, sie hielt es aus,
auch die Gewänder aus verfrühter Zeit,
auch jene Kutten, jene Mäntel,
jene Mäntelchenmadonna, den Blick
der Heiligen, aus Ecken stierend.
Der Herbst roch klar. Norddeutscher Nebel.
Nur draußen, in den Dörfern, brannte Haar.

Geschichte aus dem Unterwald

Er schickte ihr Setzlinge –
(Maulbeere, Feige), schickte ihr
Zeilen, trocken und alt.

Ich bin eine Lilie

Was hier nicht wuchs, was hier nicht
wachsen wollte. Wie sollte sie es setzen
in die Mergelgrube, in den Kalk?

Eine Lilie im Tal

Sie, ein junges Ding im Unterwald.
Man ließ sie tun. Sie hatte Hände frei:
Steh auf, Nordwind. Treib Feuer
über jene Frauen.

Eine Lilie unter Dornen
ein kahles Ding im Unterwald

Sie war aus Macht. Er
hielt sich fern. Sie stand
und lehnte ihren Kopf an ihn.

Postkarten

Von hier sieht der Himmel anders aus,
mager, wie nur Protestanten ihn kennen.
In einer Scheune stirbt die alte Tietjen,
hundertzwei und Schweiß auf der Stirn.
Bis zuletzt hat sie Torf gestochen,
ihren Ofen auch sommers damit beheizt.
Vergeblich, sagt der Pfarrer, als Lore keucht,
sie wolle nun doch einmal die Berge sehen.
Alles vergeblich. Und wer legt jetzt Fleisch aus
für Werwölfe und herrenlose Hunde?
Wer schickt jetzt Karten, letzte Nachrichten
aus diesem Landstrich hinaus?

Aussterbende Art

Man geht davon aus, dass es heute nur noch
rund dreißig der trachtentragenden Rotrockfrauen gibt.

Gesicht erdrückt von Dutt,
nach vorn gebunden. Kopftuch
oder Haube (Einhorn). Drei, vier
Schürzen, Rotrock, keine Wäsche –
schneidend kalt im Schoß.

Sie wollte, einmal drin verkrochen,
nicht mehr raus aus ihrer Tracht.
So saß sie leinensteif und hauste
in ihrem Zimmer, in diesem
Höhlenähnlichen.

Die Luft roch kirchenalt, sie las
im Dämmerlicht von Pergamentpapier.
Dä Düwel schall meck holen dann
wennt wahr nich is! Ich
schrak zurück: sie sah mich an.

Vergreiste Putte. Mit ihrer Krause
(Hällschen) flog sie gleich fort, sie wog
noch 80 Pfund plus 20 Kilo ihrer Kleider.
Und alles an ihr war so grau, als hätt sie
Luther selber noch gekannt.

Sie höckerte sich wieder übers Buch.
Kalt knöcherten die Protestantenfinger
über Römer und Timotheus. *Da Düwel*
schall meck holen dann, wennt wahr nich is!
Sie sah mich an. Sie sah mich an.

—
—
—

Der Teufel ist gekommen
und hat sie mitgenommen.

BESETZTE BEZIRKE

Zieh lieber mit uns fort.
Was Besseres als den Tod
findest du überall.

Bremer Stadtmusikanten

Worpswede

In der hundertstimmigen Landschaft
hören wir eins: Über die Wiese ist Frost gezogen.
Winterbäume. Eine Krähe ringt mit der Eisluft.

Niemand, heißt es, könne Kälte leiden. Wir aber
auf diesem Hügel wünschen den Winter eben so,
als Spaziergang über dieses Gras.

Unsere Schritte klingen und die Krähe klingt
und das Biegen der gefrorenen Äste. Alles
hält die Kälte in ihrer Stimme

und sie zittert, ein Kind im Eis. Hör doch
du irrst, wir sprechen nicht: Es liegt nördlich
ein Moor, das bricht.

Barkhof

Ich habe ein Kind das nicht schläft
doch ich muss liegen sagt man
beschließt über mich: Bleib liegen –

Ich liege und lieg auf der Lauer träume
ich säß in der Küche Kalbsbraten garend
läg in der Grube über mir Sand bleischwer
ein Moor ich atme Sand ich stemme Sand
ich trage Sand nur Sand

Ich habe ein Kind ein Stück Fleisch
ganz frisch ganz jung noch blutig
und man sagt mir: Bleib liegen –

Ich liege nicht gut es gibt keine Lauer
unter mir Sand ein Moor bleischwer
und unter dem Sand bleich liegt Cora
ich schlafe nicht gut ich atme nicht gut
man ruft nach mir: Paula –

Ich habe ein Kind das nicht schläft
es sollte es wollte mich wecken

An der Gete

Wir wollten uns hüten vor Kavallerien,
wir sollten uns hüten vor den Kavalieren,
die Kinder mit Konfekt verführten. Wir hüteten
nichts, wir scheuchten das Leben mit Tempo voran,
sahen zu, wie es über eine Klippe, den Rand
des Ententeiches sprang, es war ein Reif,
ein Ball, ein Tag zuviel, wir spielten noch nicht
um große Dinge, nur Länder, Steppen, Santa Fe.
Da brachen wir plötzlich in Wirklichkeit ein
da saß etwas Fremdes vor uns im Gras.
Wir schrien, doch es blieb, was es war.

Hochstraße

Mit dem ersten eingefärbten Lächeln, starr
wie alles unter dieser Straße, träumen wir davon
leichte Mädchen zu sein. *Zieh lieber mit uns fort,*
das ist kein Satz, das ist das Rauschen der Motoren.
Böen vorbeifahrender Wagen, unser Haar fliegt auf.
Das Leben hat keine Flügel. Wir träumen noch,
wir träumen und träumen was Besseres als den Tod so
weit so weich wir haben keine Angst es gibt uns
noch nicht ganz.

Rolandslied

Und gingen wir durch meine Mutterstadt
fast lautlos, sprach er nichts, als bliebe es
so ungesagt und lag in diesem Sommertag
ein heißes Flüstern, gab uns kein Baum,
kein Tunnel Schatten, ließ meine Hand
von seiner Hüfte ab und fragte er mich
nach Laudons Grab – ich weiß nicht, glaub,
er wollte nicht mehr weiter,
mein Vater.

Schlachthof

Über die Bürgerweide sickert dein Schlaf,
zählt sich entlang von Schaf zu Schaf, mein
Gesicht rückt nach. Ich wohne schon lange
in dieser Stadt. Folg mir hinab. Die Schatten
stoß ich mit meinen Absätzen fort und dich
nehm ich mit zu anderen Orten, wo Tiere
ihre Fabeln an Mauern aufbrauchen, Hufgetrappel,
da wurzelt die Welt. Mein Name ist Kate und
dein Blick treibt auf, nimmt mich aus, doch
ich tripple davon über geschorene Stunden.

Tenever

Die Wohntürme haben Eigennamen, kein Grund
ein Leben zu fürchten, hier kann Beton nicht zittern.
Dein Haar, einziger Aufriss einer Landschaft.
Keine Gräser im Straßengraben. Kein Straßengraben.
An einer Balkonbucht, Etage neun, ein Plastiktopf:
letztes Pflanzenzeichen. Dein Gesicht hält
die Sprache der Gegend, dieses Stummsein
von einer Wandgraden zur nächsten. Niemand hier
hat die Absicht zu zittern, am Nacken ein Luftzug,
ein weiterer Turm wird gerissen.

Am Wall

Nur mein Blick biegt sich noch mit dem Bach.
Ein einziger Alter strauchelt an seiner Krücke
unter den Parklaternen entlang. Dieses Licht.
Keine Kontur, kein Schatten; alles umzogen
von Flimmerhärchen, sepiabraun. Sein Stadtexil.
Vielleicht kannte ich ihn, vielleicht kannte ich mal
den Namen des Bachs, vielleicht kannte ich mal
diese Stadt. Was gilt, ist dieses Licht. Jedes Geräusch
lässt der Alte unterm Schotter. Nichts hat er überlebt
bald. Mein Blick beugt sich dem Bach nach.

Weyhe

Wie wir zuletzt mit Vögeln Riten feiern
das Ministrantenkleid ein Oberhemd
mit Federn als Manschetten, es ist
so spät in dieser flachen Gegend – und alles
protestantisch, sagst du zu mir

und auch: wie der Milan
im Sturzflug starb und auf dem Feld
ein Rest von Rauch, ein Sengen
in den Augen
in den Venen.

ÜBERLÄUFER

vielleicht ist sie meine Mutter
vielleicht meine Schwester meine Tochter
sie sieht mir so ähnlich

Helga M. Novak

Dampf

Güterwaggons zerrten am Schlaf,
rissen das Haus ein. Neben dem Fenster
trat Dampf aus. Ich lag allein.
In den Garten kroch ein Industriegebiet.
Zu wenig Wasser unter der Haut
gegen die alkalische Hitze
von Mangeln herübergeschlagen,
mannshohen Wäschetrommeln,
die Trockner spuckten süßliche Luft.

Dann ihre frostige Stimme. Ich war falsch
bis an die Wurzeln. Falsche Organe trieben in mir.
Gib sie zurück, gib dein Hirn, deine Lungen,
alles meins.

Ich lag im glasigen Nebel. Sie tanzte
in ihrem Zimmer, entzückt von sich selbst.
Ich bestand nicht mehr. Neben dem Fenster
trat Dampf aus, nur sonntags nicht,
da hatten die Wäscherinnen frei.

Vogeljunge

Durchs Dachfenster brach Kälte, ein Vogel
war ins Glas gestürzt. Wände aus Wäsche,
Socken tanzten über mir, in der Mitte der Leine
die abgestreifte Haut zweier Beine: Nylons.
Meine Nase kraus, in Schneestaub gestreckt,
da zog sie mich vom Scherbenfenster weg,
stieg die Treppe hinab, den Trog unterm Arm,
ihr seitlicher Gang, ihr kalter Gesang:
Wenn du ein Vöglein wärst,
und auch zwei Flügel hättst.
Ihr blitzblondes Haar, ihr nacktes Gesicht,
sie sagte *ja die Vogeljungen fallen aus den Nestern,*
kaum jedes Zweite, das durchkommt und fliegen lernt.
Liegen auf dem Waldweg, bis die Bachen sie holen.
Geh mal nach Syke im Herbst und zähl,
wie viele du findest.

Überläufer

Mit Großvater gingen wir am Kanal
vorbei an Dohlennestern, Tannenzapfen.
Schneemädchen nannte er mich, mit ihr
sprach er nicht. Seine Schritte schielten.
Sie sagte: *Fallsucht.* Sie sagte: *Nicht mal
gehen kannst du mehr. Was bist du noch?*
Er sah mich an, er fragte: *Mädchen, frierst du?*
Sie rief: *Schneemädchen, Schneemädchen,
du totes Kind! Wie gut, dass wir nicht mehr
zusammen sind!* Sie rief es und lief
in den Forst, in den Frost. Ihr Lachen,
herabstaubender Schnee von Nadelzweigen.

Rosenstöcke

Mein Vater ging mit mir durch den Garten
zeigte auf Pflanzen, Bäume, Rosenstöcke,
erklärte das Gemisch
aus Myrrhe, Styrax, Zistrose –

    ihre rosenähnliche, stelle ich mir vor,
    muss ich mir vorstellen, Gebärmutter.
    Ihr in den Körper verwachsenes
    beharrlich leeres Außerhalb.
    Abblühend. Nur Totgeburten
    hatte ihr ein Arzt vorausgesagt.

    Vater hörte Choräle, während sie
    schwangerkrank im Bett lag.
    Ihre Brüste wuchsen ihr fremd.
    Dann die Schmerzen
    über die Ränder ihres Körpers hinaus.
    Zu zart zum Gebären, wurde sie
    zerschnitten.

    –

    Auf ihr der Säugling,
    sein Brustkorb pumpte an ihren Arm.
    Eine Trauer wie nach Totgeburten.

– und auch von Zimtsäure sprach Vater.

Verzeichnet

Sie schickte mich fort zu dem kahlen Mädchen,
dessen Haut von Tinte gezeichnet war.
Es wollte noch Schneebälle werfen.
Sie sprach und sprach von dem Mädchen,
wie es starb, wie es stirbt, wie es sterben wird,
wie es Schneebälle wirft, Atem aufgebend,
sich ersticken lässt von den eigenen Organen.
Da zerpresst dich dein Herz, deine Lunge.

Frischlinge

Es seien Frischlinge verschwunden,
man habe nahe einer Feuerstelle
ihre zernagten Reste gefunden,
erzählte mein Großvater mir,
ehe sein Hirn ihm die Sprache
wegschlug. Er lief ihr nach.

Wochen

Verkrochen in einem der neuen Cafés
traf ich sie. Klein, zusammengeschrocken
von ihren letzten Wochen, von ihren
sie sagte *Außersich-Wochen*
klammerte sie sich an mich.
Ihr Gesicht, viel war's nicht,
klamm. Ihr abgeblühter Kinderblick.
Ich musste sie nach Hause bringen,
ich musste sie ins Bett legen,
ich musste sie in den Schlaf zwingen
und konnte es nicht. Ließ sie sitzen,
trieb durch Straßen, zerstochenen Schnee.

Sprengstück

Dann, eines Nachts, jemand flüsterte,
jemand flüsterte mir ein Schlaflied,
sah ich sie, sah ich
ein Gesicht. Hilflos, fast harmlos
kroch es aus dem Schatten des Flurs
ohne Pudergeruch, ohne Parfum,
eine verwitterte Miene.

Korn

Blinklichter schreckten mich auf
in einer Nacht aus ihrem Leben.
Der gelbe Laster in ihrer Straße,
der dort nur einmal immer stand.

In der Küche vertrocknete Kräuter,
Orangen, Kindernippes. Einerlei.
Habe wohl nur eine vergiftete Ähre geschluckt
mit diesem Korn, diesem Wieheißteskorn.

Anmerkungen

Sonntag: Verwendet wurde eine Vereinfachung der Formel, die Richard Swinburne in seinem Buch *Die Existenz Gottes* nutzte, um die relative Wahrscheinlichkeit einer von einem Gott erschaffenen Welt aufzuzeigen. Hierbei wird die Wahrscheinlichkeit einer solchen Welt, bestehend aus den Elementen e (evidente Tatsachen), k (Wissen) und h (Gott), gegen die Wahrscheinlichkeit einer Welt ohne göttlichen Ursprung (ohne h) gestellt. Laut Swinburne ist letztgenannte noch unwahrscheinlicher. Am wahrscheinlichsten wäre gar keine Welt; wir kommen aber gegen die Evidenz, dass es eine Welt gibt, nicht an.

Maria ad Naves: Dies ist der ursprüngliche Name der Basilika Santa Maria Maggiore, in der u. a. Papst Pius V. beigesetzt ist, der eine relevante Rolle in den englischen Thronstreitigkeiten zwischen Elisabeth und Maria Stuart gespielt hat. Die wörtliche Übersetzung bedeutet *Maria im Schnee*.

Duce: Nachdem Mussolini von Partisanen getötet worden war, hängte man seinen Leichnam neben dem seiner Geliebten kopfüber an einer Tankstelle in Mailand auf. Die Informationen über Einschussstellen stammen aus einem Beitrag, der im italienischen Fernsehen (Rai) gezeigt wurde.

Ararat: Berg in der Türkei. Dort will ein Forscherteam Überreste der Arche Noah gefunden haben.

Wanda: Tochter des Königs Krak, der Legende nach Gründer Krakaus.

Nanjing: Zeitweilig Hauptstadt Chinas, in diesem Zusammenhang auch Himmelshauptstadt genannt.

Memphis Belle: Kriegsbomber aus dem Zweiten Weltkrieg.

Sommer vor den Mauern: In der römischen Basilika San Paolo fuori le Mura (Sankt Paul vor den Mauern) flaniert der Besucher unter einer Reihe Mosaikportraits entlang, kreisrunde Brustbilder der Päpste. Mancher bleibt stehen und blickt hinauf, andere nehmen die Gesichter nur aus den Augenwinkeln oder aus einiger Entfernung als Verzierung unterhalb der Kuppel wahr, diese seltsamen Kreise, halb Ornament, halb Pontifizes-Herbarium. Mit Petrus beginnend, zieht sich die Reihe unterhalb der Kirchenfenster durchs Hauptschiff, die jüngeren Päpste müssen mit dem Halbdunkel der Seitenschiffe vorliebnehmen, aus dem der gegenwärtige Papst mittels Scheinwerferlicht herausgehoben wird. Rechts neben diesem finden sich leere Scheiben, die derzeit die Zukunft des Katholizismus auf dreizehn weitere Pontifikate prognostizieren, dies allerdings eher aus Platzmangel als aus Bescheidenheit. Die Numerierung der Päpste bis zu Benedikt XVI. als 265. Petrusnachfolger schließt die dreimalige Zählung von Benedikt IX. ein, der im Verlauf der Auseinandersetzungen zwischen Papst und Gegenpapst mehrmals gewählt wurde.

Mauern: Als der Leichnam Giovanni Maria Mastai-Ferrettis (1792-1878) vom Petersplatz in die Basilika San Lorenzo überführt wurde, wäre der Sarg beinah von einer aufgebrachten Menge in den Tiber gestoßen worden. Pius IX., der in den Einigungswirren Italiens seine zunächst gemäßigt positive Haltung zugunsten einer antiliberalen, ja antipolitischen geändert hatte, war zur Zielscheibe der politisierten Massen geworden. Die Überführung war sein erstes Verlassen der Vatikanischen Paläste seit dem Verlust des Kirchenstaates – acht Jahre zuvor.
Viva Verdi: Viva Vittorio Emanuele Re d'Italia; Ruf der Einigungskämpfer während des ital. Risorgimento.

Verse: Eine Leidenschaft Gioacchino Peccis (1810-1903) war das Übersetzen, besonders lateinischer und griechischer Gedichte.

Auch als Papst Leo XIII. übersetzte er heimlich. Betrat jemand den Raum, legte er eine große Bibel auf die Gedichtblätter. Er war im hohen Alter noch sehr agil, was möglicherweise daran lag, dass er schlichtweg gedopt war. Für eines seiner liebsten Erfrischungsgetränke, den Mariani-Wein, der neben Alkohol auch Kokain enthielt, gab er sich sogar als Werbefigur her.

Stiche: Der aus armen Verhältnissen stammende Giuseppe Melchiorre Sarto (1835-1914) lebte zeit seines Lebens äußerst bescheiden; als Kind soll er sogar barfuß gelaufen sein, um seine Schuhe zu schonen. Als Papst Pius X. verzichtete er auf den Pluralis majestatis. Politisch vertrat er eine extrem antimodernistische Haltung. Liberale Katholiken waren für ihn »Wölfe in Engelskleidern«. In die Zeit seines Pontifikats fallen gravierende Auseinandersetzungen zwischen der Kirche und einigen europäischen Staaten.
Sarto (*ital.*) = Schneider.

Größen: Benedikt XV., zu Beginn des Ersten Weltkriegs zum Papst gewählt, gab die Idee eines Kirchenstaates auf. Autorität statt Territorien war – dem Zeitgeist entgegengesetzt – seine Maxime. Klein und verwachsen, wie Giacomo della Chiesa (1854-1922) war, widersprach er auch optisch dem militärischen Duktus seiner Zeit ähnlich Antonio Gramsci (1,50 m), Mitbegründer und Theoretiker der Kommunistischen Partei Italiens.

Übertragungen: Unter Pius XI. wurde die vatikaneigene Radiostation Radio Vatikan gegründet, in gewissem Sinne ein Zugeständnis an die massenmediale Moderne, in jedem Fall aber ein wesentliches neues Kapitel in der Verbreitung der päpstlichen Botschaft. Der Gelehrte Achille Ratti (1857-1939) beschäftigte sich intensiv mit der katholischen Soziallehre und schloss 1929 mit Mussolini die Lateranverträge, die nach dem Verlust des Kirchenstaates dem Vatikan wieder völkerrechtliche Souveränität (*Stato della Città del Vaticano*) zuerkannten und somit die römische Frage beendeten.

Tage in Fátima: Der aufgrund seiner Haltung während des Zweiten Weltkriegs umstrittene Pius XII. wurde gegen Ende seines Lebens immer verschlossener, zog sich von Menschen seiner Umgebung zurück, sein Verhalten zeigte auch gewisse mystizistische Tendenzen. So soll ihm etwa am Tag vor der Verkündigung des Dogmas Mariä Himmelfahrt in den Vatikanischen Gärten ein Sonnenwunder erschienen sein – ein Ereignis, von ihm selbst als ähnlich dem Wunder von Fátima beschrieben, bei dem drei Bauernkinder die Jungfrau Maria gesehen haben wollen. Dennoch hat wohl nach ihm kein Papst mehr die Rolle des Stellvertreters so vollendet ausgefüllt wie Eugenio Pacelli (1876-1958). Die dreimalige Wiederholung des Wortes Penitência (*portugiesisch:* Buße) ist dem Bericht über das dritte Geheimnis von Fátima entnommen.

Mützen: Angelo Giuseppe Roncalli (1881-1963) äußerte sich selbstironisch über sein wenig erhabenes Aussehen: So sähe doch kein Papst aus! Er war es dennoch geworden, obwohl er beinah den Beginn des Konklaves versäumt hätte – er hatte das Glockenläuten nicht gehört. Als Johannes XXIII. führte er die Kirche auf einen sich der Welt hin öffnenden Kurs, was intern nicht durchweg auf Begeisterung stieß.

Grimaldi: Auf Joseph Grimaldi zurückgehende Clownsfigur, die wie der Weißclown den intelligenten und zugleich melancholischen Gegenpart zum Dummen August darstellt.

Fabriken: Wenn die Fabriken nicht zur Kirche kommen, dann müssen wir die Kirche zu den Fabriken bringen, so Paul VI. Tatsächlich ließ Giovanni Montini (1897-1978) als Erzbischof von Mailand die Kirche in Form eines riesigen Kreuzes, das unter einen Helikopter befestigt wurde, über die Fabriken fliegen, eine Szene, die u. a. von Fellini zitiert wurde (in *La Dolce Vita*).

und dreiunddreißig und: Das nur dreiunddreißigtägige Pontifikat Johannes Paul I. gab Anlass zu allerlei Vermutungen und Verschwörungstheorien, nicht zuletzt, weil sich der Vatikan bedeckt hielt, was eine mögliche Vorerkrankung Albino Lucianis (1912-1978) betraf.

Grenzen: Der aus der Nähe von Krakau stammende Karol Wojtyła (1920-2005) spielte als Papst Johannes Paul II. eine wesentliche Rolle bei der Beendigung des Ost-West-Konflikts. Seinen zunehmenden körperlichen Verfall in den letzten Wochen vor seinem Tod zeigte er öffentlich. Sein Sterben wurde von Fernsehstationen rund um die Uhr in alle Welt übertragen – zuletzt wurde nur noch das Schlafzimmerfenster des apostolischen Palastes gezeigt. Das Schließen der Fensterläden nach Tagen des Wartens war schließlich das Zeichen dafür, dass Karol Wojtyła verstorben war.
Der Krakauer Hochaltar, ein Flügelaltar, der aufgeklappt die Himmelfahrt Marias zeigt, war zeitweilig im sozialistischen Polen nicht zugänglich.

Geschichte aus dem Unterwald: Elisabeth von Calenberg, die in Südniedersachsen die Reformation durchsetzte, stand im Briefkontakt mit Martin Luther, aus dem hier Zitate verwendet wurden.

Worpswede: Die Wendung *hundertstimmige Landschaft* ist dem Prosatext *Worpswede* von Rainer Maria Rilke entnommen.

Barkhof: Paula Modersohn-Becker verstarb nach der Geburt ihrer Tochter an einer Embolie. Als Kind war Paula Zeugin geworden, wie eine Spielgefährtin in einer Grube unter Sand verschüttet worden und dabei umgekommen war.

Rolandslied: Berühmtes altfranzösisches Versepos.

Rosenstöcke: Myrrhe, Styrax, Zistrose und Zimtsäure werden mitunter dem Weihrauch beigemischt.

Inhalt

Die Autorin dankt dem Berliner Senat, dem Land Niedersachsen
und dem Literaturbüro Lüneburg für die Unterstützung
der Arbeit an diesem Buch.

2 3 4 5   15 14 13 12

ISBN 978-3-446-23629-5
© Carl Hanser Verlag München 2011
Einbandgestaltung: Peter-Andreas Hassiepen, München
Satz im Verlag
Druck und Bindung: Kösel, Krugzell
Printed in Germany